BEI GRIN MACHT SICH I
WISSEN BEZAHLT

- Wir veröffentlichen Ihre Hausarbeit,
  Bachelor- und Masterarbeit

- Ihr eigenes eBook und Buch -
  weltweit in allen wichtigen Shops

- Verdienen Sie an jedem Verkauf

Jetzt bei www.GRIN.com hochladen
und kostenlos publizieren

Eine kritische Betrachtung Orna Donath's "Regretting Motherhood: A Sociopolitical Analysis" und dem Begriff der Mutterschaft

G R I N ☺

Bibliografische Information der Deutschen Nationalbibliothek:

Die Deutsche Nationalbibliothek verzeichnet diese Publikation in der Deutschen Nationalbibliografie; detaillierte bibliografische Daten sind im Internet über http://dnb.d-nb.de abrufbar.

ISBN: 9783346877178
Dieses Buch ist auch als E-Book erhältlich.

© GRIN Publishing GmbH
Trappentreustraße 1
80339 München

Druck und Bindung: Books on Demand GmbH, Norderstedt Germany
Gedruckt auf säurefreiem Papier aus verantwortungsvollen Quellen

Das Buch bei GRIN: https://www.grin.com/document/1359140

TU Dortmund

Institut für Philosophie und Politikwissenschaften

Wintersemester 2022/2023

Seminar: Transformative Erfahrungen

Referatsausarbeitung

Eine kritische Betrachtung Orna Donath's „Regretting Motherhood:

A Sociopolitical Analysis" und dem Begriff der Mutterschaft

Master Lehramt and Gymnasien und Gesamtschulen

Philosophie / Praktische Philosophie, 2. Fachsemester

Abgabe am: 31.03.2023

Inhaltsverzeichnis

1. Einleitung

Orna Donaths „Regretting Motherhood", veröffentlicht in 2015, hat in den letzten Jahren viel Aufmerksamkeit und Diskussionen auf der ganzen Welt erregt. Die israelische Soziologin und Feministin untersucht in ihrem Buch das Tabu-Thema, dass es Frauen gibt, die das Muttersein bereuen. Hierfür hat sie Interviews mit 23 israelische Frauen geführt, die über ihre negativen Erfahrungen mit dem Mutter-dasein sprechen. Hierbei stand die konzeptualisieren der Mutterschaft im Fokus, das Paradigma der „guten Mutter" soll in Frage gestellt werden.

Orna Donath hat wissenschaftlich untersucht, wie die Mutterschaft in westlichen Gesellschaften konstruiert wird. Dabei hat sie festgestellt, dass Mutterschaft sowohl kulturell als auch ideologisch und historisch geprägt ist. Zudem ist in unserer Gesellschaft oft eine Gleichsetzung von "Weiblichkeit" und "Mutterschaft" zu beobachten, die sich über verschiedene soziale Klassen, ethnische Gruppen und Geschlechter hinweg erstreckt.

Donaths Veröffentlichung hat international viele Diskussionen entfacht und diverse Kritik, sowohl positive als auch negative, hervorgerufen. Nachdem Orna Donaths Arbeit und damit auch der Inhalt des Referats dargestellt wurde, soll der Begriff der Mutterschaft diskutiert und auch auch die die Kritik an Donath präsentiert werden, gefolgt von einem Fazit.

2. Orna Donath „Regretting Motherhood - A Sociopolitical Analysis"

2.1 Die soziale Dimensionen des Bereuens

Donath betrachtet das Bereuen von Mutterschaft als einen dialektischen Prozess, der sowohl psychologische als auch soziale Dimensionen umfasst. Vor allem im westlichen Denken werden Emotionen als „innere Zustände" interpretiert, dabei sind diese ebenso soziale, kulturell geprägte Entitäten. Daraus ergibt sich eine Dreifaltigkeit zwischen dem fühlenden Subjekt, der Gesellschaft und der Emotion selbst. Die Emotionen erfüllen eine soziale Funktion. Sie werden konstituiert, um kulturelle Wertsysteme aufrecht zu erhalten. Besonders die Reue wird als wichtiges gesellschaftliches Instrument angesehen. So wird sie auch verwendet um die Ideologie der Mutterschaft zu reproduzieren.

2.2 Reproduktionspolitik und Mutterrolle in Israel, gesellschaftlicher und politischer Einfluss

Die Rolle der Mutter hat in Israel einen besonderen, gar ikonenhaften Status, nicht zuletzt durch die Kultur und Religion des Landes beeinflusst. Außerdem fällt auf, dass die Nutzung der Reproduktionstechnologie besonders ausgeprägt ist und auch die Politik (werdende) Mütter unterstützt.

Daran gekoppelt, zu einem gewissen Grad auch daraus resultierend, sind allerdings auch bestimmte Erwartungen. Die Mutterrolle wird politisiert und instrumentalisiert und die Kraft der Geburt wird als idealisiertes Narrativ gesehen, auch verstärkt durch den Holocaust. Dass die weibliche Identität geprägt wird durch die Erwartungen an die Mutterrolle zeigt auch auch in der Erziehung. Die Mutterschaft zu bereuen ist dagegen mit Scham behaftet.

2.3 Ambivalenzen innerhalb der Mutterschaft

Unter der mütterlichen Ambivalenz wird die Koexistenz von Liebe und Hass innerhalb der Mutterschaft verstanden. Diese zeigt sich durch gegensätzliche Beschreibungen der Erfahrung Mutterschaft. Angesprochen werde beispielsweise „schöne Sachen aber auch Probleme" oder „Verlust und Gewinn". Würden Mütter vor die Wahl gestellt, auch diese die die Mutterschaft bereuen, so würden sie letztendlich trotzdem die Mutterschaft wählen.

Das Bereuen verläuft in zwei Stufen, so Donath. Die erste Stufe ist hierbei selbst-erkannt und selbst-reflektiert. Es ist also ein unabhängiges Urteil der Mutter. Erst in Stufe zwei Vergleicht sie sich mit der Vorstellung der Gesellschaft, ihrer eigenen Vorstellung und den Erfahrungen anderer Mütter. Das Bereuen passiert letztendlich durch das Verfehlen der eigenen und fremden Erwartungen und „Was wäre wenn"-Gedanken. Mütter fragen sich, ob sie ohne Kind glücklicher wären. Allerdings schildern viele Mütter, wie sie nun ohne die Mutterschaft eine leere verspüren würden. Diese kann aber nur mit dem aktuellen Wissen über das Leben mit Kind verspürt werden. Hätten sie diese Erfahrung nie gemacht, so würden sie auch dieses Gefühl nicht kenne. Mütter beschreiben den Übergang zur Mutterschaft als automatisch, nicht komplett oder ohne die Konsequenzen abzuwägen.

Teil der Ambivalenz ist außerdem die Unterscheidung zwischen dem Objekt, dem Kind und der Erfahrung, der Mutterschaft. So empfinden bereuende Mütter meist Liebe zu ihrem Kind, aber Hass zu der Erfahrung der Mutterschaft. So schildert eine Mutter: "I regret having had children and becoming a mother, but I love the children that I've got. [...] If I regretted it then I'd not want them to be here. But I wouldn't want them not to be here, I just don't want to be a mother."[1] Gründe hierfür sind der verspürte Verlust des eigenen, selbstgesteuerten Lebens, aber auch fehlender (emotionaler) Bezug zur Rolle. Die Frauen können sich selbst nicht als Mutter identifizieren. Außerdem fühlen sich viele Mütter so, als würden sie eine „zweite Kindheit" durchleben. Alles was sie gelernt haben, was sie letztendlich zur Selbstständigkeit verholfen hat, muss nun von neu gelernt werden. Wenn auch nicht von ihnen selbst, so müssen sie den Prozess trotzdem miterleben.

---

[1] Donath, Orna. 2015. "Regretting Motherhood: A Sociopolitical Analysis." *Signs* 40 (2): 355.

Das Bereuen lässt sich zusammenfassen als subjektive, retrospektive Evaluation der Vor- und Nachteile innerhalb sozialer Umstände, wobei die Nachteile überwiegen. Oft genannte Vorteile sind die persönliche Entwicklung, das durchaus positive Empfinden einer Herausforderung und schöne Momente mit dem Kind. Häufig empfundene Nachteile sind dahingegen Sorgen, Schwierigkeiten und Einschränkungen.

2.4 Machtsysteme, Mutterschaft und Mutterliebe

Im weiteren Verlauf setzt sich Donath mit Machtsystemen auseinander und bezieht sich dazu auf das Buch „The Cultural Politics of Emotion" von Sara Ahmed (2004). Diese fragt nämlich nicht danach was Emotionen sind, sondern hinterfragt die Rolle der Emotionen und was sie tun, insbesondere bei Protesten gegen Machtstrukturen. Die Integration von Bedauern in die Erfahrungen von Müttern, wie in der Studie gezeigt, kann helfen, die Macht von Einschränkungen und verbotenen Wegen zu erkennen und darüber nachzudenken. Obwohl Bedauern als sozial dysfunktional angesehen werden kann, kann es uns dazu zwingen, über die Machtstrukturen, die über die „Mütterlichkeit" bestimmen, nachzudenken. In einem weiteren Unterabschnitt wird untersucht, wie die Teilnehmerinnen in der Studie innerhalb der starren Grenzen von kulturellen Ideen zu Mutterschaft und mütterlichen Gefühlsvorschriften manövrieren, was auf die Schwierigkeit hinweist, diese institutionalisierten Mechanismen zu untergraben.

Weiter wird beschrieben, wie in der heutigen Gesellschaft quälende mütterliche Emotionen wie Schuldgefühle und Selbstvorwürfe oft mit dem Muttersein assoziiert werden. Erst dann seien Frauen eine „richtige" Mutter. Je mehr sie bereuen, desto besser wären sie als Mutter, denn erst dann opfern sie sich für das Kind auf wie sie es sollten. Es ist wichtig zu betonen, dass die Gefühle der Liebe und des Bedauerns von Müttern gegenüber ihren Kindern echt sind und nicht in Frage gestellt werden sollten. Die Ausdrücke dieser Emotionen müssen jedoch im sozialen Kontext verstanden werden. In westlichen Gesellschaften, einschließlich Israels, wird die Liebe zu Kindern und insbesondere zu den eigenen Kindern als heilig angesehen und als Teil der weiblichen moralischen Identität betrachtet. Das Bedauern des Mutterseins kann als unmoralisch und unweiblich angesehen werden und als Zeugnis für mangelnde mütterliche Liebe oder sogar nachlässiges Verhalten gegenüber den Kindern interpretiert werden. Die Verbindung zwischen Bedauern und negativen sozialen Reaktionen kann dazu führen, dass Mütter ihr Bedauern für ihre Kinder verbergen, um den Erwartungen der Gesellschaft zu entsprechen. Es wird stattdessen vorgeschlagen, dass das Betonen der Liebe zu den Kindern dazu beitragen kann, das Bedauern zu reduzieren und den Fokus auf die Mutterliebe zu legen, um Müttern das Recht zu geben, als moralische Frauen und als Menschen angesehen zu werden.

3

Die Frauen in der Studie mögen zwar den sozialen Erwartungen bezüglich der Mutterliebe entsprechen, aber sie widersetzen sich der Vorstellung, dass Mutterschaft eine stets positive Erfahrung sein muss. Stattdessen entwickeln sie eine andere weibliche Identität, die sich nicht an die Erwartungen anpassen will und bereit ist, die Erfahrung der Mutterschaft rückgängig zu machen.

Die Teilnehmerinnen der Studie hinterfragen das pronatale Dogma, dass das Beanspruchen einer mütterlichen Identität Frauen erfüllt, ohne diese Entscheidung zu beklagen. Das Klagen von Müttern über ihre Erfahrungen wird oft verachtet und als obszön angesehen. Oft wird auch Druck auf Mütter ausgeübt, sich an das Bild der guten Mutter anzupassen, was auch zu Schuldgefühlen und Reue führen kann. Es sei jedoch wichtig, die soziopolitischen Bedeutungen von Mutterschaftsreue zu berücksichtigen und nicht davon auszugehen, dass Mutterschaft außerhalb der Kultur steht.

Der Artikel schlägt vor, dass das Zulassen von Müttern, die ihre Entscheidung bereuen, eine Mutter zu sein, dazu beitragen kann, die gesellschaftlichen Probleme im Zusammenhang mit Mutterschaft und Reproduktion zu lösen. Emotionen sind ein wichtiger Teil der Ideologie, und durch das Zuhören und Berücksichtigen von Müttern, die ihre Mutterschaft bereuen, können gesellschaftliche Probleme besser verstanden und gelöst werden.[2]

3. Der Begriff der Mutterschaft

3.1 Mutterschaft nach Orna Donath

Laut Orna Donath ist die Mutterschaft „ein biologischer, sozialer und kultureller Prozess, der die Geburt und die anschließende Aufzucht und Erziehung eines Kindes durch eine Frau umfasst."[3] Sie betont jedoch auch, dass Mutterschaft eine sozial konstruierte Rolle ist, die von der Gesellschaft auf Frauen projiziert wird und oft unzumutbare Anforderungen an sie stellt. So schreibt sie: "Es ist eine Rolle, die Frauen im Laufe der Zeit aufgezwungen wurde und die oft mit bestimmten Verhaltensweisen und Erwartungen verbunden ist, die Frauen einschränken und ihre Freiheit und Autonomie einschränken."[4]

Wie bereits zu Beginn erwähnt, werden „Weiblichkeit" und „Mutterschaft" oft als synonym betrachtet, was ein klassen-, ethnien- und geschlechterübergreifendes Phänomen ist und Mütter werden als natürliche Fürsorgerinnen betrachtet. Donath betont jedoch, dass Frauen das Recht haben sollten, ihre eigene Rolle als Mutter zu

---

[2] vgl. Donath, Orna. 2015. "Regretting Motherhood: A Sociopolitical Analysis." *Signs* 40 (2): 343–67.

[3] Donath, Orna. Regretting Motherhood: Wenn Mütter bereuen. Aus dem Hebräischen von Ruth Achlama,S. 3.

[4] vgl. ebd. S. 14

definieren oder sich gegen die Mutterschaft zu entscheiden, ohne dafür stigmatisiert oder schuldig gemacht zu werden.[5] Sie argumentiert, dass die Gesellschaft die Mutterschaft oft als die ultimative Erfüllung des Frauendaseins betrachtet und Frauen dazu drängt, Mütter zu werden, unabhängig von ihren eigenen Wünschen und Bedürfnissen.[6]

Zu berücksichtigen ist auch Donaths geographischer, politischer und gesellschaftlicher Hintergrund.

3.2 Weitere Definitionen der Mutterschaft

Die Mutterschaft ist ein vielschichtiges Phänomen, das von vielen Faktoren beeinflusst wird und verschieden definiert werden kann. Vor allem aber ist der Begriff der Mutterschaft im ständigen Wandel. So wurde die Mutterschaft bis zum 19. Jahrhundert als „[heilige weibliche Berufung]" angesehen. In der Nachkriegszeit war die Mutterschaft dann „[Symbol für die Entstehung und Neugestaltung kriegsgebeutelter Nationen]", bis hin zu einer materiellen Erfahrung am Ende des 20. Jahrhunderts.[7]

In Deutschland wird die Mutterschaft aktuell rechtlich durch das Bürgerliche Gesetzbuch (BGB) geregelt. Dort wird die Mutter als die Frau definiert, die das Kind geboren hat (§1591 BGB). Diese Definition beruht also auf der biologischen Geburt des Kindes. Die Mutter hat automatisch das Sorgerecht für ihr Kind und ist für dessen Betreuung und Erziehung verantwortlich. Dies ist in Israel nicht anders. Es gibt allerdings Ausnahmen, wie beispielsweise Adoptionen, die auch rechtlich eine Mutterschaft ermöglichen, ohne auch biologisch die Erzeugerin des Kindes zu sein.

Über die rechtliche Definition hinaus, gibt es noch weitere mögliche Definitionen der Mutterschaft. Oft wird sich auch auf die biologische oder sozial-psychologische Definition berufen. Im biologischen Sinne ist die Mutter nämlich die Person, die die Eizelle produziert hat, aus der später das Kind entstanden ist. Demnach wäre also auch eine Adoptivmutter keine „echte" Mutter. Im Gegensatz dazu steht die die soziale und psychologische Definition. Diese beschreibt nämlich die Mutterschaft als die Person, die sich um Pflege und Erziehung des Kindes kümmert. Dies wäre also sehr wohl eine Adoptivmutter, die sich liebevoll um das Kind kümmert und eben nicht die biologische Erzeugerin.

Die Wissenschaftlerin Antje Schrupp vereint den biologischen und sozialen Ansatz der Mutterschaft. Ihrer Ansicht nach, ist die „„Mutter eines Kindes [...] die Person, die es geboren hat, oder ein von ihr bestimmter Ersatz'".[8] Das bedeutet, die biologische

---

[5] vgl. ebd. S. 37

[6] vgl. ebd. S. 43-46.

[7] vgl. *Motherhood.* (o. J.). Encyclopedia.com.

[8] Roedig, V. A. *Feminismus: Nicht jede Schwangere ist eine Mutter.*

Mutter ist so lang die Mutter, bis sie sich dazu entscheidet es nicht mehr zu sein. „Aus Schwangerschaft folgt nicht notwendigerweise Mutterschaft."[9] Eine ähnliche, politischere Ansicht vertritt auch die Philosophin Sara Ruddick. Sie schreibt, dass die Mutterschaft („the practice of ‚mothering'") sowohl Männer als auch Frauen betreffen könne. Der Fokus der Tätigkeit liegt bei ihr auf dem Beschützen, der Pflege und dem Lehren des Kindes und kann somit von allen Geschlechtern gleichermaßen ausgeführt werden.[10] Also der sozialen Fürsorge. Diese habe auch eine moralische Bedeutung, da sie zur Entwicklung von Werten wie Rieden und Fürsorge für spätere Generationen beitrage.[11] So muss Ader Diskurs auch nicht bei klassischen Geschlechterbildern enden und auch beispielsweise Transmänner oder gleichgeschlechtliche männliche Paare können die Mutterschaft annehmen. Glaubt man der Philosophin Judith Butler, so „gehen die polaren Zuschreibungen von Weiblichkeit und Männlichkeit [ohnehin] nicht genuin aus dem geschlechtlichen Körper hervor, sondern erschließen sich erst durch den Bezug auf die soziokulturellen Vorstellungen von Männlichkeit und Weiblichkeit."[12] Somit könnte auch die Mutterschaft nicht automatisch gleichgesetzt werden mit der Weiblichkeit. Denn wenn die Weiblichkeit kein festes Konstrukt ist, sondern von der Gesellschaft konstruiert wird, so könnte auch die Männlichkeit als Mutterschaft konstruiert werden.

Eine emotionale Definition der Mutterschaft ist allerdings schwierig zu definieren, da sie sehr individuell und von Frau zu Frau unterschiedlich sein kann und somit nicht generalisiert werden kann. Zwar sind die Erwartungen an die Mutterschaft, von innen und außen, verbunden mit Emotionen wie Freude, Glück und Stolz, aber die gelebten Realitäten der Mütter decken alle möglichen Emotionen ab.

4. Internationale Kritiken auf „Regretting Motherhood"

4.1 Positive Kritik

Orna Donaths Untersuchung über bereuende Mutterschaft hat international viel Anklang gefunden und wurde intensiv diskutiert. Dabei wurden sowohl positive als auch negative Kritikpunkte an ihrer Arbeit geäußert. Während die Diskussion in vielen Ländern nur kurz nach der Veröffentlichung von "Regretting Motherhood" aktuell war, hat sie in Deutschland länger angehalten. In den letzten Jahren hat der Hashtag #regrettingmotherhood auf Social-Media-Plattformen wie Twitter, Instagram und Facebook eine große Aufmerksamkeit erzeugt. Unter diesem Hashtag haben Mütter ihre Gefühle und Gedanken geteilt und sich gegenseitig unterstützt. Viele Frauen,

---

[9] vgl. ebd.

[10] vgl. Sara Ruddick. Maternal Thinking: Towards a Politics of Peace, 33(3), S. 250-251.

[11] vgl. ebd.

[12] *Mütterlichkeit braucht kein Geschlecht*. Deutsche Hebammen Zeitschrift.

sowohl in Deutschland als auch international, können sich also mit Donath's Ergebnissen und den Aussagen der interviewten Frauen identifizieren. Sie stimmen öffentlich zu und unterstützen somit die Ergebnisse, auch wenn Kritiker äußern, dass Donath's Befragung nicht auf Deutschland oder westlichere Länder übertragbar sei, dazu im nächsten Abschnitt genaueres.

Der Zuspruch der Frauen geschieht allerdings nicht nur anonym wie in der ursprünglichen Untersuchung. Viele Frauen trauen sich ihre Meinung und Gefühle auch öffentlich zu vertreten. Sarah Treleaven lässt in ihrem Artikel „Inside the Growing Movement of Women Who Wish They'd Never Had Kids" (2016) mehrere Frauen zur Sprache kommen, die von ihren negativen Erfahrungen berichten. So schreibt eine Frau „I regret the fact that I never should have been a mother at all" und eine andere „I realized that this was my life now—and it was unbearable."[13] Auch im BBC Artikel "100 Women 2016: Parents Who Regret Having Children" kommen mehrere Frauen aus verschiedenen Nationen zur Sprache, die von gemischten Gefühlen, aber auch Erschöpfung und Probleme mit der Identifikation mit der Mutterrolle berichten. Es berichten allerdings auch Frauen, die die Mutterschaft genießen.[14] Interessant ist, dass diese Frauen sowohl der biologischen als auch der sozialen Definition der Mutterschaft nachkommen, lediglich die Emotionen entsprechen nicht den Erwartungen. Weitere individuelle Schicksale die den Ergebnissen von „Regretting Motherhood" zustimmen können nachgelesen werden in dem Artikel "Regretting Motherhood: What Have I Done to My Life?" von Lola Augustine Brown[15] oder "The mother who says having these two children is the biggest regret of her life" in der Daily Mail.[16] Da die Aussagen der Frauen aber größtenteils deckend sind, werden sie hier nicht weiter im Detail ausgeführt. Die meist genannten Argumente sind, dass die Frauen den Verlust ihres eigenen Lebens bereuen und sich nicht mit der Rolle der Mutter identifizieren können, auch, wenn sie das Kind lieben. Die Aussagen decken sich also mit den Ergebnissen von Donaths Interviews.

Aber nicht nur individuelle Schicksale, sondern auch andere Studien belegen das Phänomen „Regretting Motherhood". Eine soziologische Studie beschreibt, wie sich Kinder auch negativ auf die elterliche Zufriedenheit auswirken kann. „Zu diesem Schluss kam zum Beispiel eine 2013 vom Wissenschaftszentrum Berlin für Sozialforschung veröffentlichte Umfrage unter knapp 4900 Frauen und Männern

---

[13] Treleaven, Sarah. 2016. "Inside the Growing Movement of Women Who Wish They'd Never Had Kids." Marie Claire Magazine.

[14] vgl. BBC News. 2016. "100 Women 2016: Parents Who Regret Having Children." *BBC*, December 6, 2016.

[15] Brown, Lola Augustine. 2017. "Regretting Motherhood: What Have I Done to My Life?" Today's Parent. SJC Media.

[16] Dutton, I. (2013, April 3). The mother who says having these two children is the biggest regret of her life. *Daily mail.*

zwischen 25 und 37 Jahren. Demnach sind Eltern nur bis zum vierten Lebensjahr des jüngsten Kindes zufriedener als Kinderlose."[17] Heffernan und Stone wollen in ihrer Studie „International responses to regretting motherhood. In Women's Lived Experiences of the Gender Gap" herausgefunden haben, dass eine Abhängigkeit zwischen der Akzeptanz des Bereuens der Mutterschaft und dem Angebot an institutioneller Unterstützung in einem Land besteht. So werden die negativen Gefühle eher in Ländern akzeptiert, in denen das Angebot an Unterstützung geringer ausfällt und vice versa. [18] „In ehemals sozialistischen Staaten wie Russland, Polen oder Ungarn, die junge Eltern eher wenig unterstützen, fällt die Zufriedenheit der Mütter und Väter besonders deutlich mit steigender Zahl der Kinder - verglichen mit gleichaltrigen Kinderlosen", im deutschsprachigen Raum seien die Unterschiede nicht so stark, so das Max-Planck-Institut.[19] Diese Unterschiede in der Zufriedenheit seien aber ohnehin kein konstanter Zustand. Ab dem 40. Lebensjahr maximieren Kinder das Lebensglück.[20] Ähnliche Ergebnisse werden auch von Jonathan V. Last im Washington Examiner geschildert. Vergleiche man zwei Individuen mit identischen Voraussetzungen (finanziell, geographisch, etc.) und der einzige Unterschied in einem Kind besteht, so sinke die Stufe des Glücks mit Kind. „The parents lag the non-parents in happiness until the kids grow up and leave the house, at which point the parents start recovering their happiness while the non-parents tick backwards a bit in happiness". [21] Diese Ergebnisse decken sich mit denen des Max-Planck-Instituts und auch mit denen von Orna Donath.

4.2 Negative Kritik

4.2.1 Inhaltliche Kritik

Wie bereits erwähnt hat die Diskussion um die negativen Gefühle hinsichtlich der Mutterschaft große Wellen geschlagen und hat dementsprechend nicht nur positive Reaktionen hervorgerufen. Kritiker haben sowohl inhaltliche als auch formale Kritikpunkte an Orna Donaths Untersuchung anzubringen.

So soll es beispielsweise Studien geben, die zu einem gegenteiligen Ergebnis kommen. Julia Bähr berichtet in der F.A.Z. über Mütter, die gerne voll in ihrer Rolle

---

[17] Zeitung, S. (2015, April 5). *Unglückliche Mütter - Sie wollen ihr Leben zurück.* Süddeutsche Zeitung.

[18] vgl. Heffernan, V., & Stone, K. (2021a). International responses to regretting motherhood. In Women's Lived Experiences of the Gender Gap (S. 121–133). Springer Singapore.

[19] MPIDR - Elternschaft: Langzeitinvestition ins Glück. (o. J.). Max Planck Institute for Demographic Research.

[20] vgl. ebd.

[21] Last, J. V. (2016, Juli 7). Demographics and the way we live now. Washington Examiner.

aufgehen würden, sich aber von der Gesellschaft daran gehindert fühlen. Bähr bezieh sich hier auf Alina Bronsky und ihre Veröffentlichung „Die Abschaffung der Mutter".[22] So schrieb Bronsky: „Mütter, die wiederum gern Mütter sind und das auch nicht verbergen, scheinen eine besondere Provokation zu sein". Sie erklärt: „Sie werden noch mehr angefeindet als sogenannte ‚Rabenmütter'; selbst Vernachlässigung wird leichter verziehen als eine enge und liebevolle Beziehung."[23] Glaubt man Bronsky, so sehe die Gesellschaft ein größeres Problem darin, wenn Mütter nicht weiter ihrer Karriere nachgehen und arbeiten gehen möchten. Die sozial-psychologische Definition einer Mutter scheint also auch nicht ausreichend zu sein um eine „gute Mutter" zu sein. Diese Ergebnisse sind aber sicher nicht auf jede Gesellschaft problemlos übertragbar, sondern eher auf westliche Länder wie auch Deutschland.

Coralie Febvre liefert in der Times of Israel, dem Ursprungsland von „Regretting Motherhood", eine Mögliche Erklärung dafür, wieso die Diskussion grade in Deutschland einen so großen Anklang gefunden hat. Sie bezieht sich hier auf die deutsche Barbara Vinken, die dieses Phänomen auf die deutsche Gesellschaft zurück führt. Sie schreibt: "The notion that children's well-being depends on their mothers and not on the society around them or their fathers, is deeply entrenched in Germany and creates real obstacles to women's careers."[24] Vinken sieht also auch eher ein Problem in dem Leistungsdruck, dem Frauen in Deutschland ausgesetzt sind und deckt sich hier mit Bronsky. Allerdings wird nicht nur der Leistungsdruck als problematisch in Deutschland und als Hindernis für die Übertragbarkeit Donaths Untersuchungen angesehen. Die institutionellen Voraussetzungen seien hier problematischer für Mütter als beispielsweise in Israel. Weitere Probleme sind „Kinderbetreuung nur bis 14 Uhr, nachmittägliche Fahrdienste zu den Sportvereinen der Kinder, zu wenig potentielle Arbeitgeber in einer Nähe zum Wohnort, die Teilzeit lohnenswert erscheinen ließe, und, immer wieder: Erwartungen."[25] Die Erwartungen beziehen sich hier sowohl auf die eigenen, als auch auf die des Umfeldes der Mütter. Dass die Erwartungen ein großes Problem darstellen, darin sind sich sowohl Kritiker als auch Donath einig. Die F.A.Z. findet allerdings noch härtere Worte: „Das sind die Klagen, mit denen wir uns ernsthaft auseinandersetzen sollten – nicht die in einer anonymisierten israelischen Studie, die

---

[22] vgl. F. A. Z. (2016, März 29). *Regretting Motherhood: Raus mit der Muttersprache.* Frankfurter Allgemeine Zeitung.

[23] vgl. ebd.

[24] Febvre, C. (2016, Juni 27). After Israeli study, 'regretting motherhood' debate rages in Germany. The Times of Israel.

[25] F. A. Z. (2016, März 29). *Regretting Motherhood: Raus mit der Muttersprache.* Frankfurter Allgemeine Zeitung.

für die hiesige Debatte immerhin als Türöffner diente."[26] Die Probleme der israelischen Frauen, oder aller Frauen die so empfinden, seien also weniger dringlich.

Dass dieser Debatte überhaupt die Tür geöffnet wurde, das wird von Elizabeth King im Toronto Star kritisiert. Sie sieht die Debatte als „[gefährlichen Trend]" und kritisiert, dass der Fokus voll auf dem Befinden der Mütter liegt. Sie sieht in den Kindern die wahren leidtragend.[27] Außerdem sei es problematisch, dass die Debatte überhaupt so viel öffentliche Aufmerksamkeit bekommen hat. Sie schreibt: „It becomes a problem when it's entertained, and in this case, it's clear that these women are seeking out a sisterhood of regret. By splashing their defective motherly instincts all over the news, they're hoping to feel better about themselves."[28] Bereuende Mütter seien also nur egoistisch und ihnen sollte für diese Gefühle keine Plattform gegeben werden wie Donath es getan hat, so King. Stattdessen sollte die Aufmerksamkeit auf dem Wohlergehen der Kinder liegen, die die „[tatsächlichen Opfer]" sind.[29] Das Hindernis für eine „gute Mutterschaft" ist hier also nicht, *dass* die Frauen so empfinden, sondern dass sie diese Gefühle zu öffentlich kommunizieren und so die Aufmerksamkeit für sich, anstatt für ihre Kinder beanspruchen. Die soziale Funktion der Mutter wird also letztendlich verletzt.

4.2.2 Formale Kritik

Die bisher angebrachte Kritik hat sich auf den Inhalt Donaths Untersuchung bezogen. Darüber hinaus gibt es auch Kritiker, die sich auf formale Kriterien, die Art und Weise wie die Analyse durchgeführt wurde, beziehen. So schreibt der Washington Examiner, dass es sich nicht um eine „echte ‚Studie' im wissenschaftlichen Sinn" handle.[30] Außerdem wird das Medium der Publikation kritisiert. „Regretting Motherhood" „was published in a journal called Signs, which is more like a feminist fanzine than a place for rigorous data analysis."[31] Ein „Fanzine" beschreibt die Zusammenkunft von Fans und einem Magazin und „stellen daher einen autonomen Bereich der Presselandschaft dar."[32] Das bedeutet, dass davon auszugehen ist, dass Donath ihre Arbeit in einer Szene veröffentlich hat, bei der sie davon ausgehen konnte, dass sie auf Zuspruch stoßen wird. Es wird kritisiert, dass dies kein seriöser Rahmen für eine

---

[26] vgl. ebd.

[27] King, E. (2016, Dezember 8). Remorseful moms need to get over it. *Toronto Star.*

[28] vgl. ebd.

[29] vgl. ebd.

[30] Last, J. V. (2016, Juli 7). Demographics and the way we live now. Washington Examiner.

[31] vgl. ebd.

[32] "Fanzine Do It Yourself - Archiv der Jugendkulturen e. V." n.d. Jugendkulturen.de.

wissenschaftliche Untersuchung sei. Weiter schreibt Last: „And the crux of the "data" was that Donath found 23 women who said they regretted having kids and then interviewed them at length."[33] Die Anzahl von 23 Frauen kann als nicht repräsentativ erachtet werden. Laut Last sind Donaths Ergebnisse keine soziologischen Erkenntnisse, sondern „[Anekdaten zur Rechtfertigung des Lebensstils]".[34]

Man könnte auch Donath vorwerfen, dass sie die Aussagen der Frauen einseitig interpretiert habe, um ihre These zu untermauern, dass Muttersein in vielen Fällen ein Quell der Unzufriedenheit ist oder sie positive Aspekte des Mutterseins ignoriere und dadurch ein einseitiges Bild zeichne. Weiter beschränkt Donath ihre Studie auf Frauen, die aus freien Stücken entschieden haben, Mutter zu werden. Frauen, die ungewollt schwanger geworden sind oder andere schwierige Umstände erlebt haben, wurden nicht einbezogen. Dadurch könne die Studie ein verzerrtes Bild zeichnen.

5. Fazit

Es lässt sich nicht bestreiten, dass Orna Donaths gesellschaftspolitische Analyse „Regretting Motherhood" viele Menschen angesprochen, Emotionen in ihnen hervorgerufen und lebhafte Diskussionen angeregt hat. Vor allem der öffentlich kommunizierte Zuspruch der Frauen, die ebenfalls ihre Mutterschaft bereuen, gibt Donath recht, dass hier ein Umdenken und mehr Bewusstsein in der Gesellschaft für diese Emotionen geschaffen werden muss. Es ist Unumstritten, dass vor allem die Erwartungshaltung der Frauen selbst, als auch des Umfeldes dieser, problematisch ist und großen Druck ausübt. Druck, voll und ganz für das Kind da zu sein oder auch Druck, sich weiter auf die berufliche Karriere zu konzentrieren. Donaths Arbeit mag nicht vollkommen den wissenschaftlichen Standards einer qualitativen Umfrage entsprechen und mag auch wegen der fehlenden Repräsentativität und Differenzierung nicht auf alle Gesellschaften kompromisslos angewendet werden können. Allerdings hat Donath ihr Ziel erreicht, das Paradigma der „guten Mutter" im öffentlichen Diskurs in Frage zu stellen und hat somit viele Menschen zum kritischen Hinterfragen der Konzepte wie Weiblichkeit und Mutterschaft angeregt.

Der Begriff der Mutterschaft lässt sich nicht final definieren. So gibt es Ansätze, wie beispielsweise der rechtliche, die allgemein stärker akzeptiert werden als andere. Jedoch sind sich alle einig, dass die Erwartungshaltung eine erhebliche Problematik darstellt.

---

[33] vgl. Last, J. V. (2016, Juli 7). Demographics and the way we live now. Washington Examiner.

[34] vgl. ebd.

Quellenverzeichnis

Bähr, Julia. 2016. „Regretting Motherhood: Raus mit der Muttersprache". *F.A.Z.*, 29. März 2016. https://www.faz.net/aktuell/feuilleton/regretting-motherhood-raus-mit-der-muttersprache-14148262.html?printPagedArticle=true.

BBC News. 2016. „100 Women 2016: Parents Who Regret Having Children". *BBC*, 6. Dezember 2016. https://www.bbc.com/news/magazine-38145118.

Brown, Lola Augustine. 2017. „Regretting Motherhood: What Have I Done to My Life?" Today's Parent. SJC Media. 8. Juni 2017. https://www.todaysparent.com/family/parenting/i-regret-motherhood/.

Dutton, Isabella. 2013. „The mother who says having these two children is the biggest regret of her life". *Daily mail*, 3. April 2013. https://www.dailymail.co.uk/femail/article-2303588/The-mother-says-having-children-biggest-regret-life.html.

„Fanzine Do It Yourself - Archiv der Jugendkulturen e. V". o. J. Jugendkulturen.de. Zugegriffen 29. März 2023. https://www.jugendkulturen.de/fanzine-do-it-yourself.html.

Febvre, Coralie. 2016. „After Israeli Study, 'Regretting Motherhood' Debate Rages in Germany". *The Times of Israel*, 27. Juni 2016. https://www.timesofisrael.com/after-israeli-study-regretting-motherhood-debate-rages-in-germany/.

Göbel, Esther. 2015. „Unglückliche Mütter - Sie wollen ihr Leben zurück". *Süddeutsche Zeitung*, 5. April 2015. https://www.sueddeutsche.de/gesundheit/unglueckliche-muetter-sie-wollen-ihr-leben-zurueck-1.2419449.

King, Elizabeth. 2016. „Remorseful Moms Need to Get over It". *Toronto Star*, 8. Dezember 2016. https://www.thestar.com/opinion/commentary/2016/12/08/remorseful-moms-need-to-get-over-it.html.

Last, Jonathan V. 2016. „Demographics and the way we live now". *Washington Examiner*, 7. Juli 2016. https://www.washingtonexaminer.com/weekly-standard/demographics-and-the-way-we-live-now.

Motherhood. (o. J.). Encyclopedia.com. Abgerufen 30. März 2023, von https://www.encyclopedia.com/social-sciences-and-law/sociology-and-social-reform/sociology-general-terms-and-concepts/motherhood

„MPIDR - Elternschaft: Langzeitinvestition ins Glück". o. J. Max Planck Institute for Demographic Research. Zugegriffen 29. März 2023. https://www.demogr.mpg.de/de/news_events_6123/news_pressemitteilungen_4630/presse/elternschaft_langzeitinvestition_ins_glueck_1863.

Mütterlichkeit braucht kein Geschlecht. (2023, März 29). Deutsche Hebammen Zeitschrift. https://www.dhz-online.de/news/detail/artikel/muetterlichkeit-braucht-kein-geschlecht/

Roedig, V. A. (2019, Oktober 9). Feminismus: Nicht jede Schwangere ist eine Mutter. Woz.ch. https://www.woz.ch/1941/feminismus/nicht-jede-schwangere-ist-eine-mutter

Ruddick, S. (1996). Maternal thinking: Towards a politics of peace. Journal of Peace Research, 33(3), 250–251.

Treleaven, Sarah. 2016. „Inside the Growing Movement of Women Who Wish They'd Never Had Kids". Marie Claire Magazine. Marie Claire. 23. September 2016. https://www.marieclaire.com/culture/a22189/i-regret-having-kids/.